CCM

중급용 복음성가 반주

아름다운음악아름다운인생
 아름출판사

CONTENTS

은혜 ———————————————————— 손경민 사l곡 4

광야를 지나며 ——————————————— 장진숙 사l곡 8

나의 한숨을 바꾸셨네 —————————————— 소진영 사l곡 12

주 내 아버지(변함없이 우리를 일으키시네) ——— 박지영, 박혜진, 허다은, 김민찬 사l전혁, NAMD 곡 16

주의 자녀로 산다는 것은 ——————————— 이오늘 사l곡 19

그의 생각(하나님은 너를 만드신 분) ——————— 조준모 사l곡 22

주의 가정 ———————————————————— 손경민 사l곡 25

주님 다시 오실 때까지 ———————————— 고형원 사l곡 28

주 품에 ———————————————————— Reuben Morgan 곡 32

주를 위한 이곳에 ——————————————— 김준영 사l임선호 곡 34

주님을 보게 하소서 —————————————— 심종호 사l박찬민 곡 38

어머니의 기도 ———————————————— 김은실 사l곡 42

하나님의 음성을 듣고자 기도 하면 ——————— 김지면 사l곡 45

당신만은 못해요 ——————————————— 김종환 사l곡 48

당신을 향한 노래(아주 먼 옛날) ——————— 천태혁 사l곡 52

나 같은 죄인 살리신 ————————————— John Newton 곡 55

날마다 숨 쉬는 순간마다 —————— Lina Sandra Berg 사l Oscar Ahnfelt 곡 58

하나님의 은혜 ──────────── 조은아 사 | 신상우 곡 60

내 갈급함 ──────────── 윤주형 사곡 64

내게 있는 향유 옥합 ──────────── 박정관 사곡 66

누군가 널 위해 기도하네 ──────────── Lanny Wolfe 곡 68

하나님 아버지의 마음 ──────────── 박용주 사 | 설경욱 곡 71

내가 천사의 말 한다 해도 ──────── James M. Stevens 사 | Joseph M. Martin 곡 74

밀알 ──────────── 천관웅 사곡 78

사명 ──────────── 이권희 사곡 81

나의 안에 거하라 ──────────── 류수영 사곡 84

오직 예수뿐이네 ──────────── 소진영 사곡 87

소원 ──────────── 한웅재 사곡 90

예수 피를 힘입어 ──────────── 양재훈 사곡 94

하나님 눈길 머무신 곳 ──────────── 정유성 사곡 98

오직 주의 은혜로 ──────────── 김영표 사곡 101

이렇게 아름다운 하늘 아래 ──────────── 조현주 사 | 남경식 곡 104

천 번을 불러도 ──────────── 이권희 사곡 108

Grace

은혜

손경민 사·곡

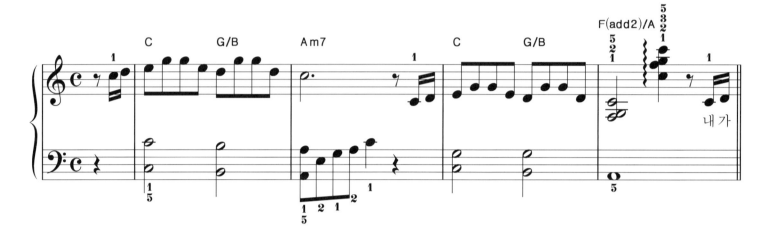

내가

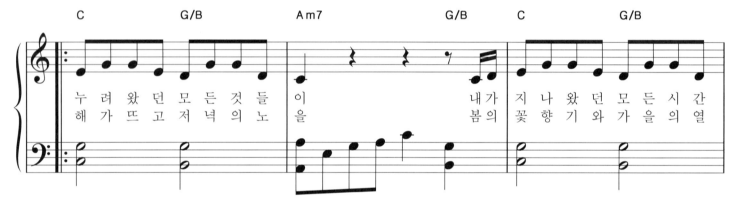

누려왔던모든것들　이　　　　　내가　지나왔던모든시간
해가뜨고저녁의노　을

이　　　　　내가　걸어왔던모든순간　이　　이　　　당연
매　　변하는계절의모든순간　이

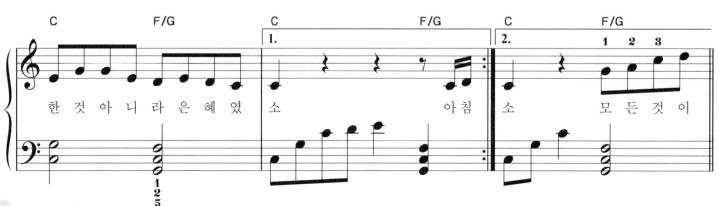

한것아니라은혜였　소　　　　　아침　소　모든것이

1.
2.

5

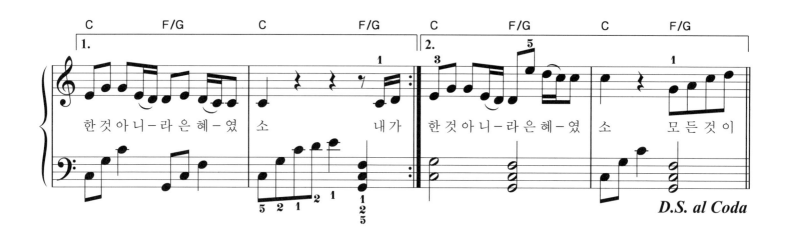

D.S. al Coda

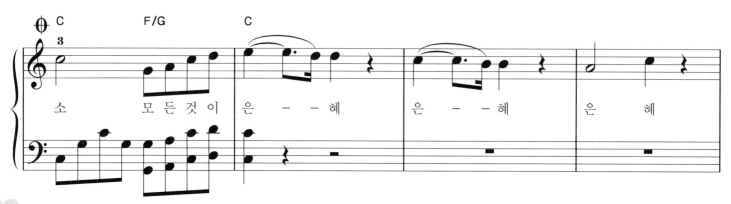

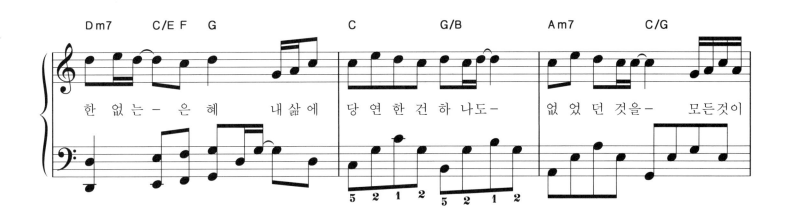

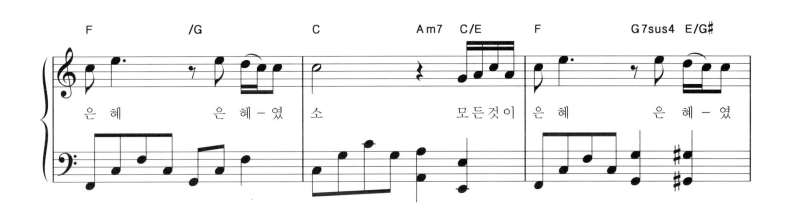

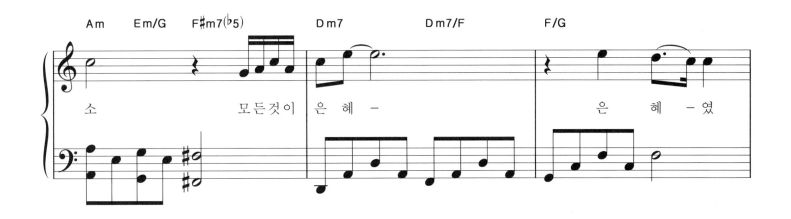

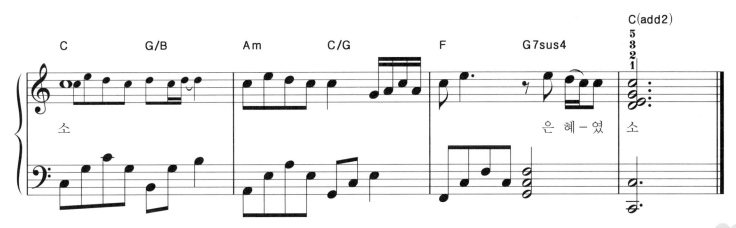

광야를 지나며

장진숙 사·곡

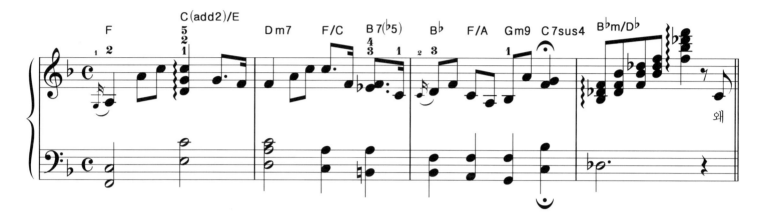

나를 - 깊은 어둠 - 속 - 에　홀로 두시 - 는지 - 　어두운밤 - 은

왜 그리 - 길었 - 는지　나를 고독 - 하 - 게　나를 낮아 - 지게

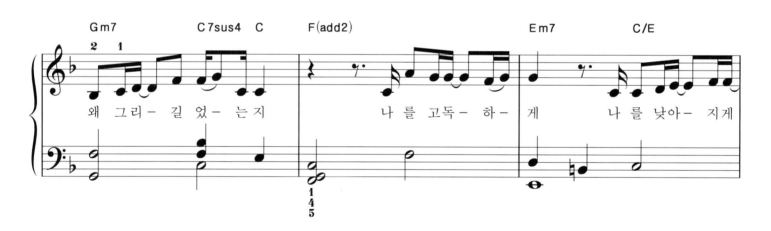

- 세상 어디 - 도　기 댈곳 - 이없 - 게하 - 셨 - 네 - 　광

광 —야 　 주께서 나 를사— 용 하시려 나를더 정 결케— 하

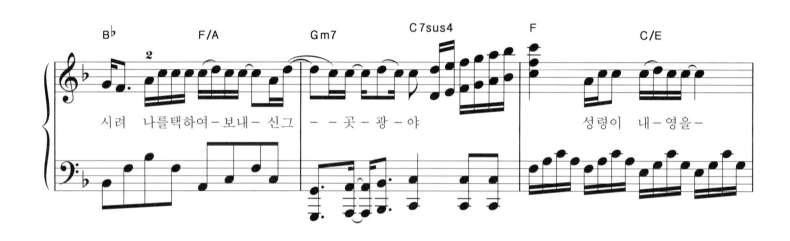

시려 나를택하여—보내— 신그 — — 곳 — 광 — 야 　 성령이 내—영을—

다 시태어 나 게하—는 곳 — 광 —야 　 광야에 서 있

네 　 내

자아가 산산히깨지고 높아지려했던 내꿈도 주

님앞에 내어놓고 오직주님뜻만 이루어지기를

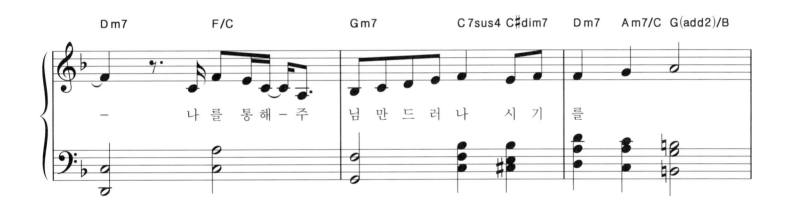

나를통해주 님만드러나 시기를

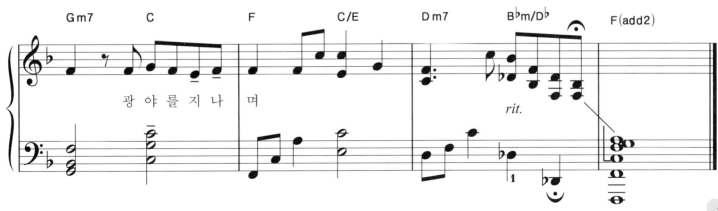

광야를지나며

He Changed My Sigh

나의 한숨을 바꾸셨네

소진영 사·곡

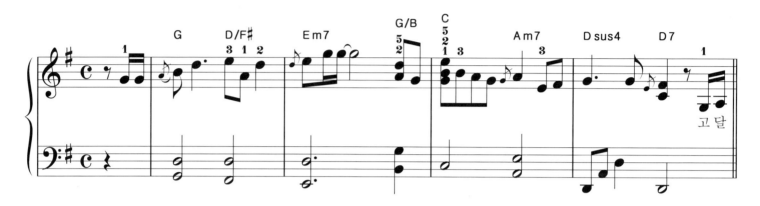

고 달

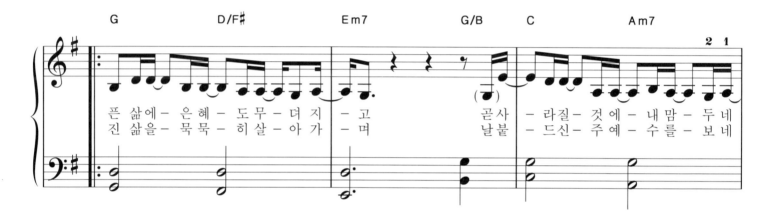

픈 삶에 - 은혜 - 도 무 - 더 지 - 고   곧 사 - 라질 - 것에 - 내 맘 - 두 네
진 삶을 - 묵묵 - 히 살 - 아 가 - 며   날 붙 - 드신 - 주 예 - 수 를 - 보 네

헛 되 고 헛된 - 것 들 - 을 바 - 라 보 - 며   그 은
사 망 가 운데 - 놓 여 - 진 나 - 의 삶 - 을   날 건

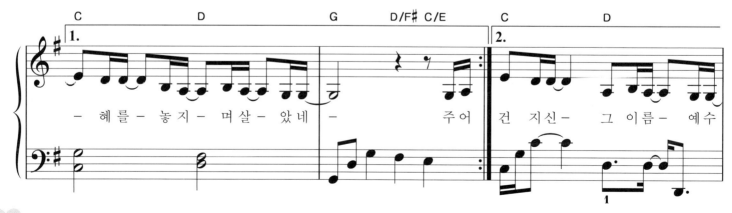

- 혜 를 - 놓지 - 며 살 - 았 네 -   주 어   건 지 신 - 그 이름 - 예 수

주 내 아버지(변함없이 우리를 일으키시네)

박지영, 박혜진, 허다은, 김민찬 사 | 전혁, NAMD 곡

주 의 손 날 — 붙 드 시 네

영 원한 피 — 난처 — 되 시 — 네

깊 어진 한 — 숨 속 에 도 변함없 이 우리를 일 으 키 시 네

주 내 아 버 지 크 신 팔 로 날 덮 으 시 네 주

는 내 큰 능 력 변함없 이 우리를 일 으 키 시 네

주의 자녀로 산다는 것은

이오늘 사 · 곡

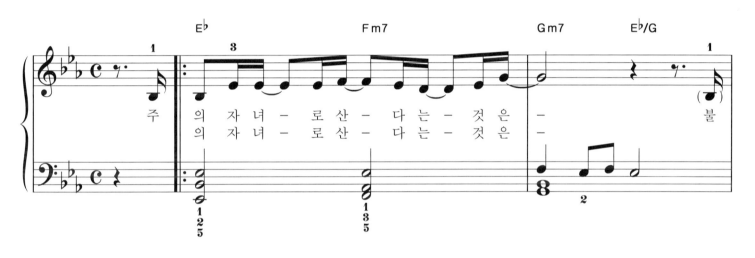

주 의 자녀 – 로산 – 다는 – 것은 – 불
의 자녀 – 로산 – 다는 – 것은 –

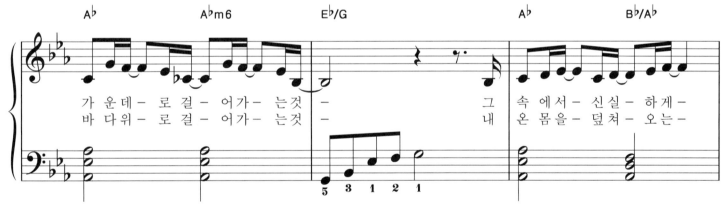

가 운데 – 로걸 – 어가 – 는것 – 그
바 다위 – 로걸 – 어가 – 는것 –
속 에서 – 신실 – 하게 –
내 온 몸을 – 덮쳐 – 오는 –

날 지키 – 시는 – 그 손길 – 을경 – 험하 – 는것 – 주
폭 풍속 – 에서 – 잠 잠히 – 주바 – 라보 – 는것

그의 생각 (하나님은 너를 만드신 분)

조준모 사·곡

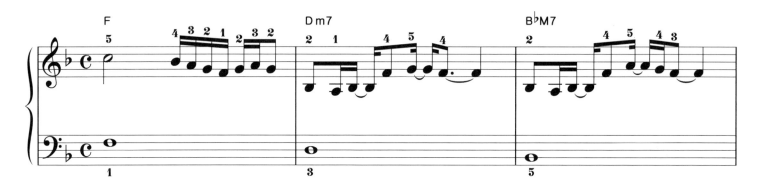

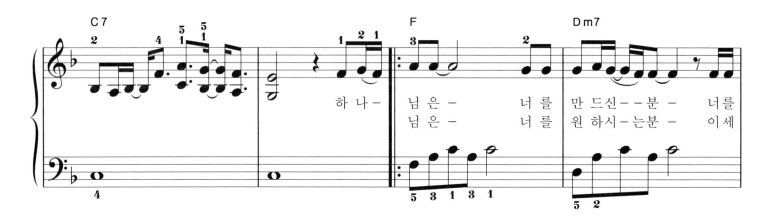

하나 님은 – 너를 만드신––분 – 너를
님은 – 너를 원하시–는분 – 이세

가 장많––이 – 알고 계시며– 하나 님은 – 너를
상 그무––엇 – 그누 구보다– 하나 님은 – 너를

만 드신––분 – 너를 가장깊–– 이 – 이해하 신 단다– 하나–
원 하시–는분 – 너와 같이있–– 고 – 싶어하 신 단다– 하나–

D.S. al Coda

Family Protected by God

주의 가정

손경민 사 · 곡

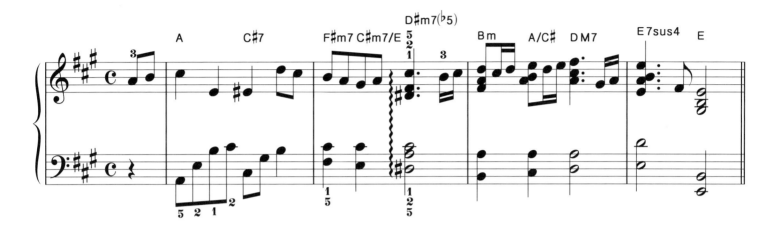

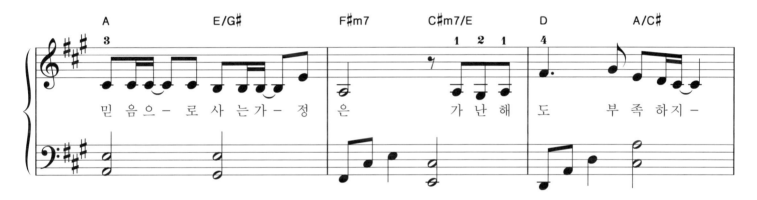

믿 음 으 — 로 사 는 가 — 정   은   가 난 해   도   부 족 하 지 —

않 게 하 — 시 며   소 망 으 — 로 사 는 가 — 정   은   아 픔 에

도   더 풍 성 한 —   위 로 주 — 시 네   마 른 떡

25

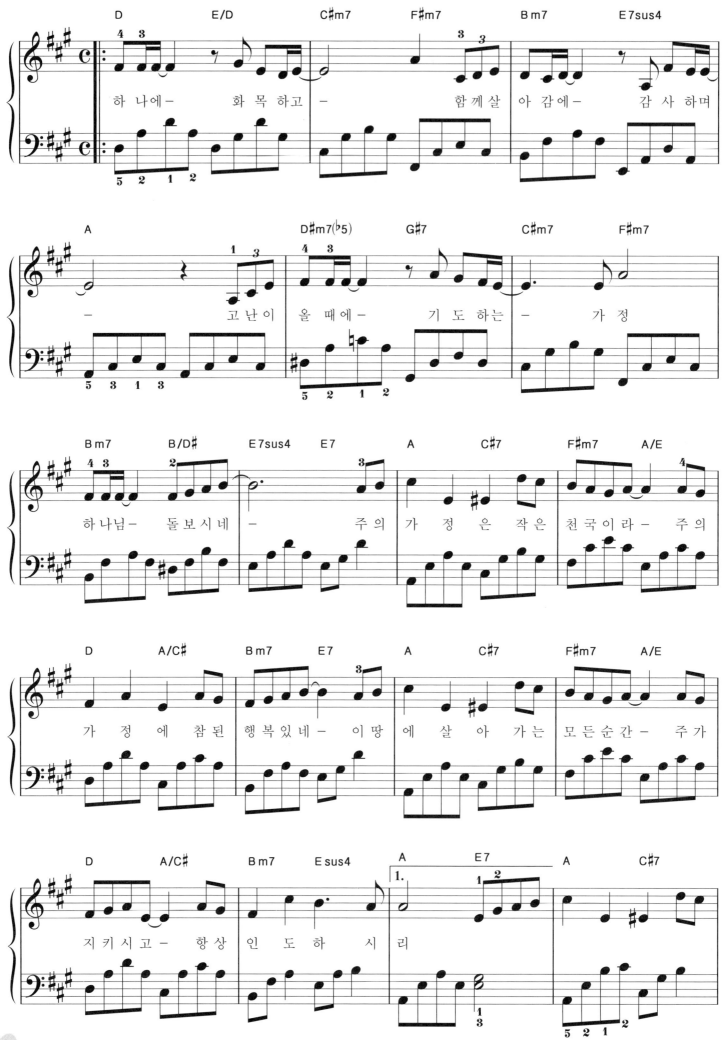

주님 다시 오실 때까지

고형원 사·곡

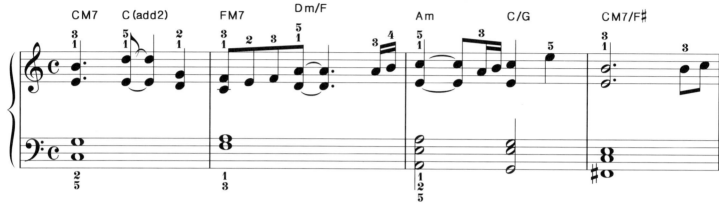

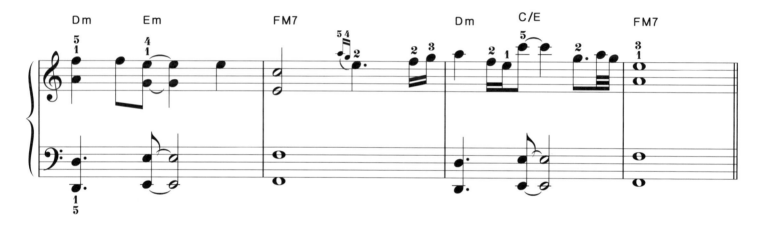

주 님 다시 오실 때 까지 나 - 는 이 길을 가 리 라 좁은

문 좁은 길 나 의 십 자 가 지 고

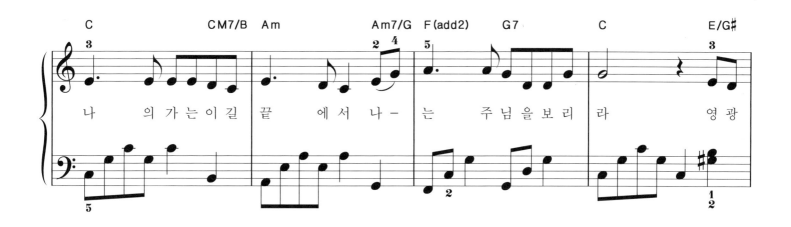

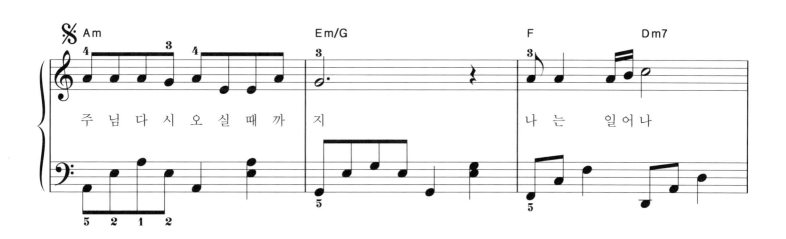

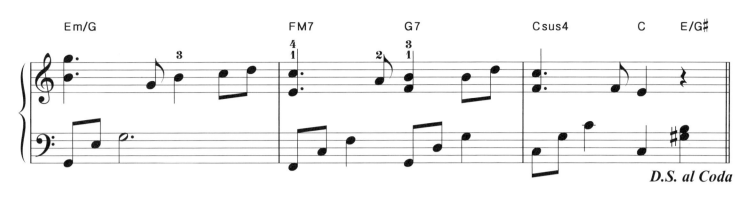

D.S. al Coda

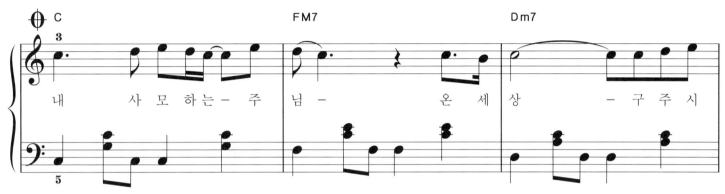

내　사　모　하　는　 주　님　　온　세　상　　구　주　시

라　　　　　내　 사　모　하　는　 주　님　　영　광

의　왕　이　시　라

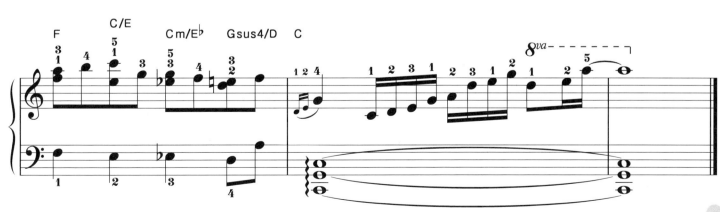

31

Still

주 품에

Reuben Morgan 곡

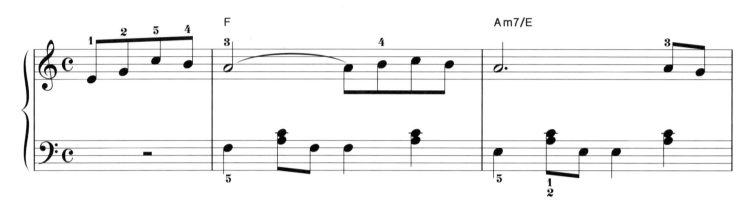

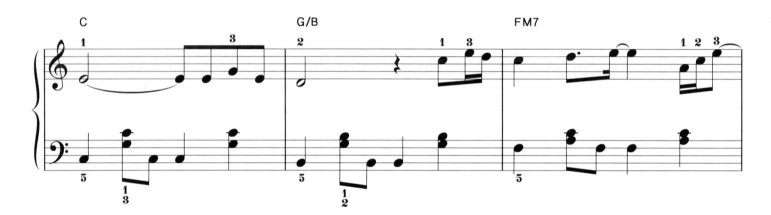

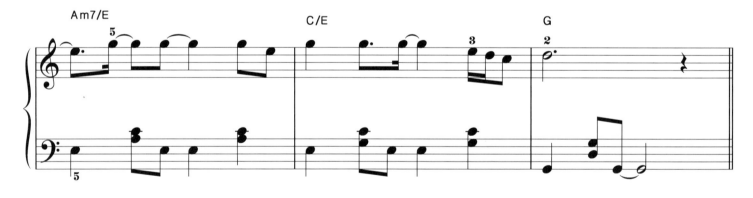

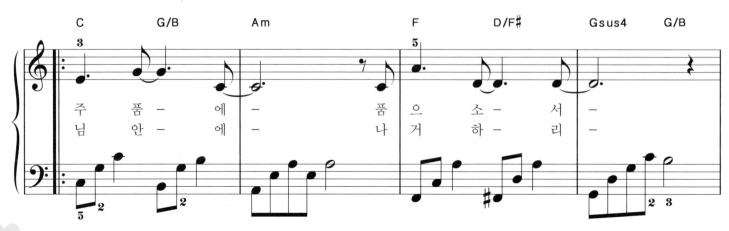

주 품 - 에 - 품 으 소 - 서 -
님 안 - 에 - 나 거 하 - 리 -

Words and Music by Reuben Morgan

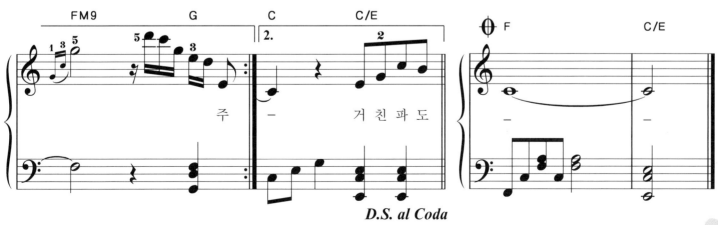

D.S. al Coda

33

주를 위한 이곳에

김준영 사 | 임선호 곡

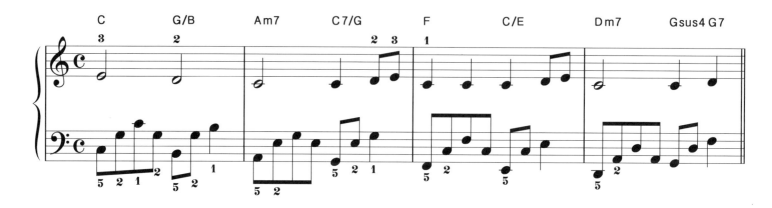

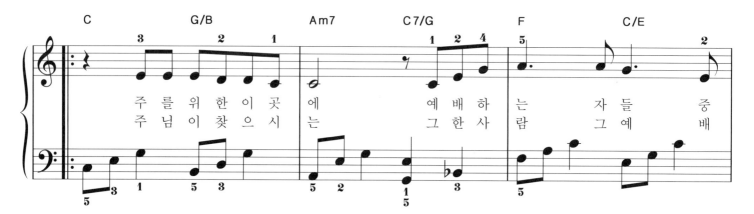

주를 위한 이 곳 에 　　예 배 하 는 　자 들 　중
주 님 이 찾 으 시 는 　　그 한 사 　람 　그 예 　배

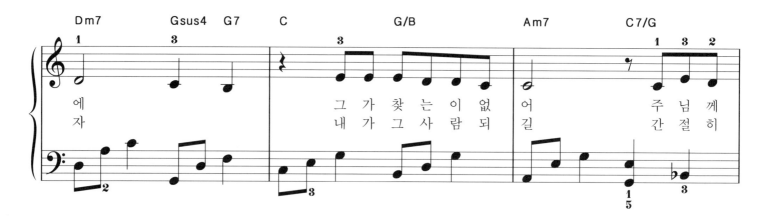

에　자　　　　그 가 찾 는 이 없 어　　주 님 께
　　　　　내 가 그 사 람 되 길　　간 절 히

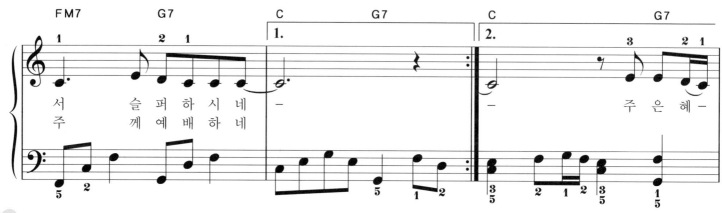

서 　슬 퍼 하 시 네 　—　　　　—　　주 은 혜 —
주 　께 예 배 하 네

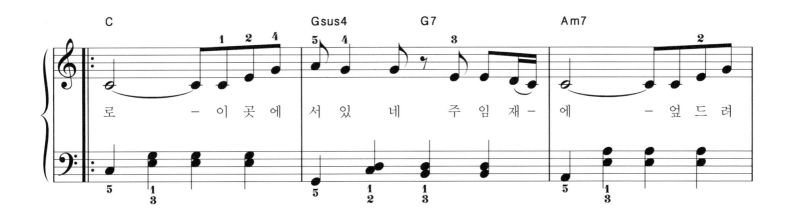

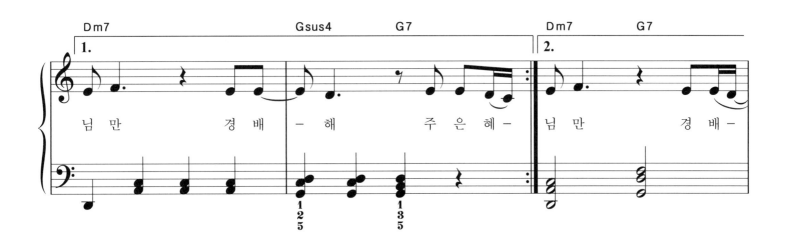

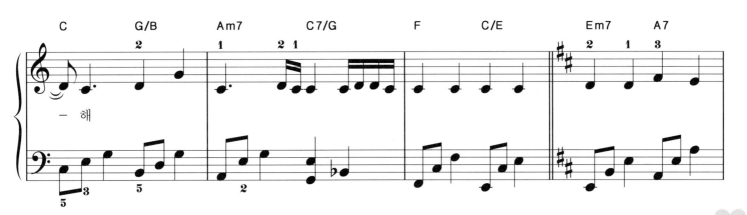

주님을 보게 하소서

심종호 사 | 박찬민 곡

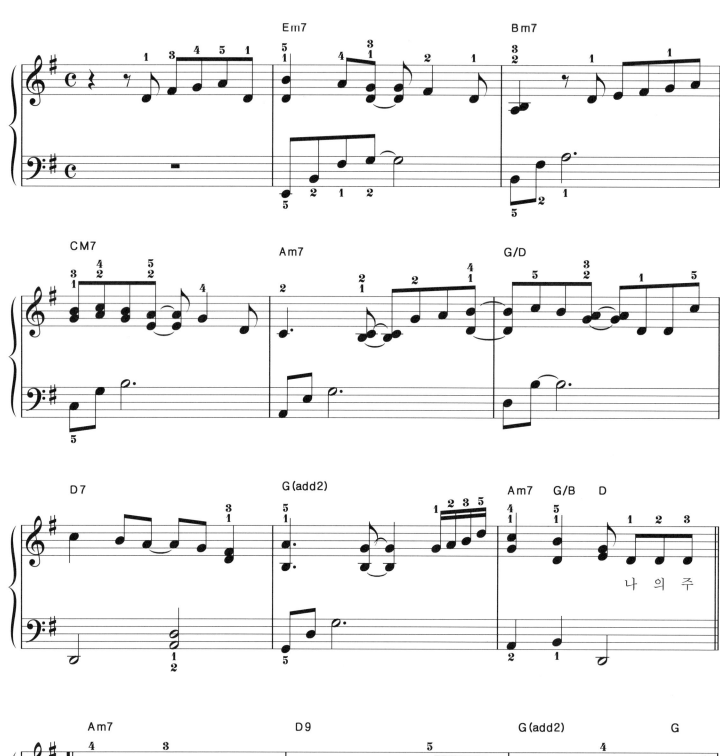

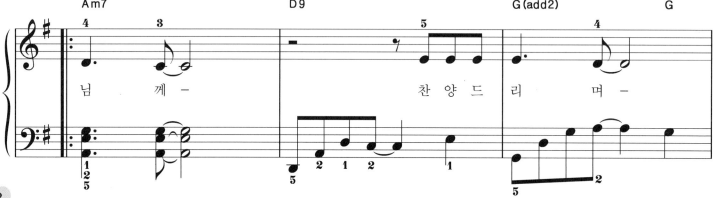

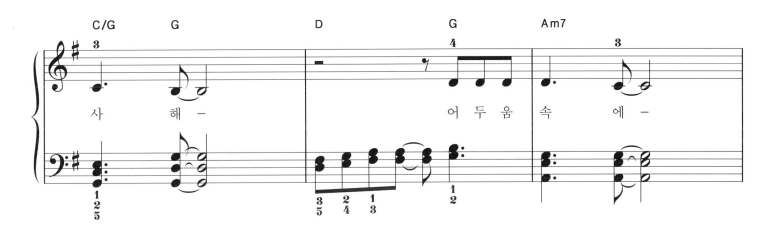

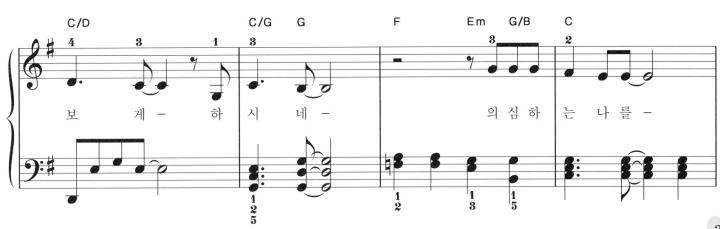

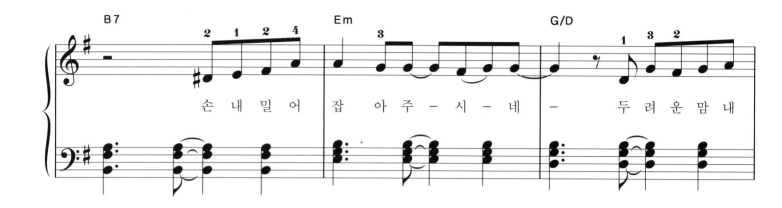

손내밀어 잡 아주 - 시 - 네 - 두려운맘내

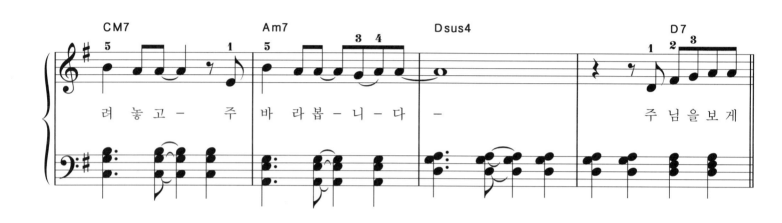

려 놓고 - 주 바 라봅 - 니 - 다 - 주님을보게

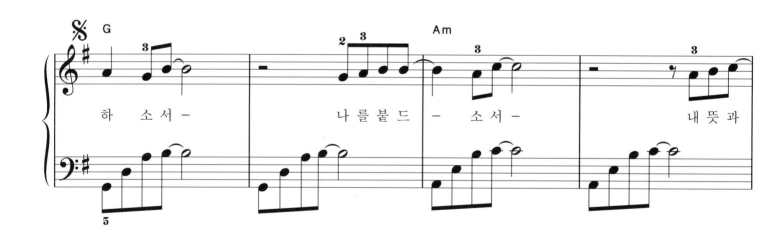

하 소서 - 나를붙드 - 소서 - 내뜻과

- 내생각 - 내려 - 놓고 - 주님앞에나

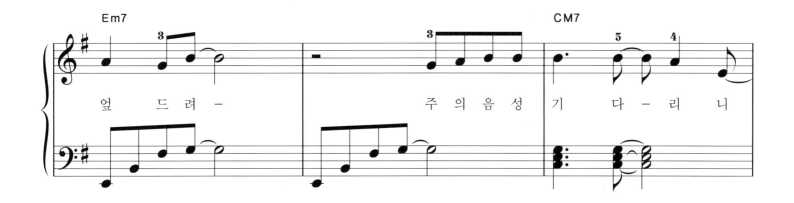

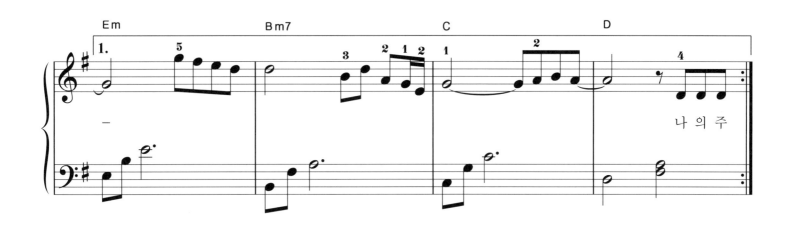

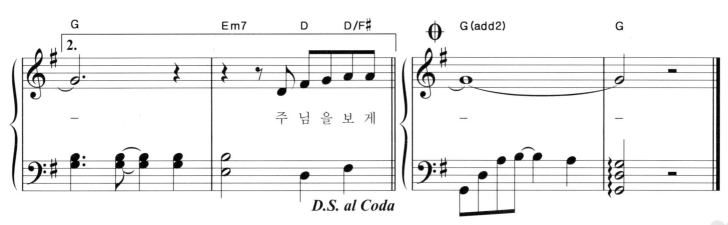

D.S. al Coda

어머니의 기도

김은실 사 · 곡

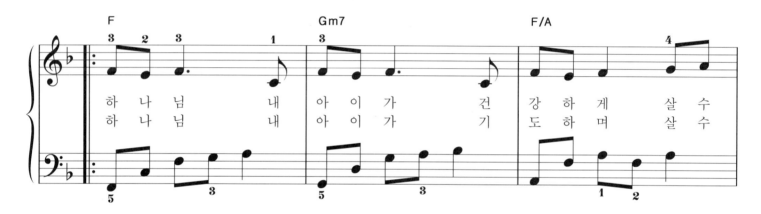

하 나 님　　　내 　아 이 가　　　건　강 하 게　　살 수
하 나 님　내　내　아 이 가　　　기　도 하 며　　살 수

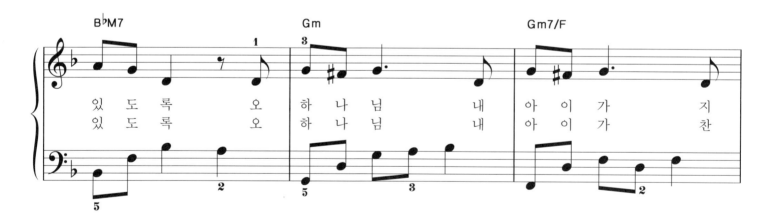

있 도 록　　　오　하 나 님　　　　내　아 이 가　　　지
있 도 록　　　오　하 나 님　내　내　아 이 가　　　찬

혜 롭 게　　　살 수　있 도 록　　　오　하 나 님　　　내
양 하 며　　　살 수　있 도 록　　　오　하 나 님　내　내

하나님의 음성을 듣고자 기도 하면

김지면 사 · 곡

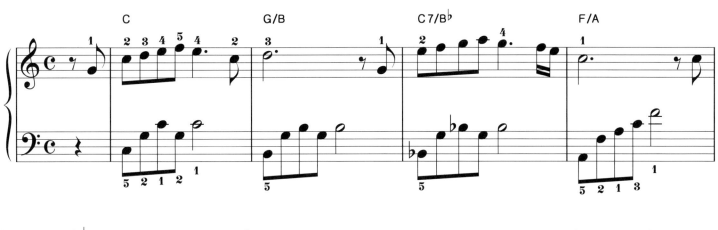

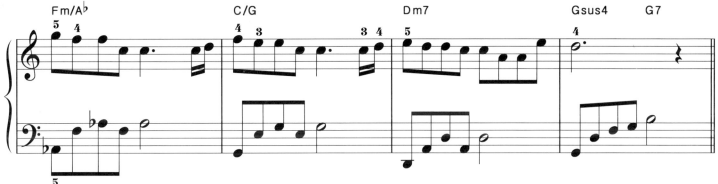

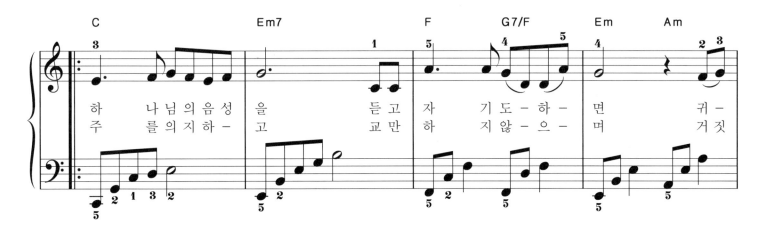

하　나님의음성　을　　　듣고　자　기도 ― 하 ―　면　　　　귀 ―
주　를의지하 ―　고　　　교만　하　지않 ― 으 ―　며　　　　거짓

를　기울이시고　내　기도를　　　들　어주신다하　네라
에　치우치지아　니　하 ― 면　　　복　이있으리 ―　라

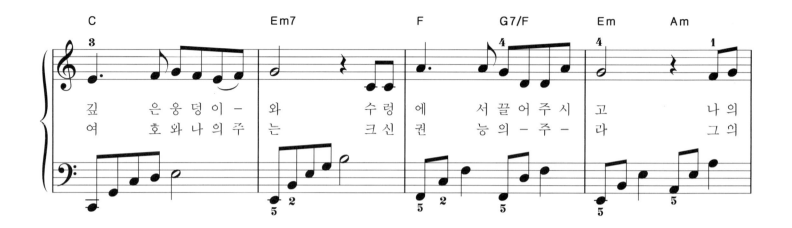

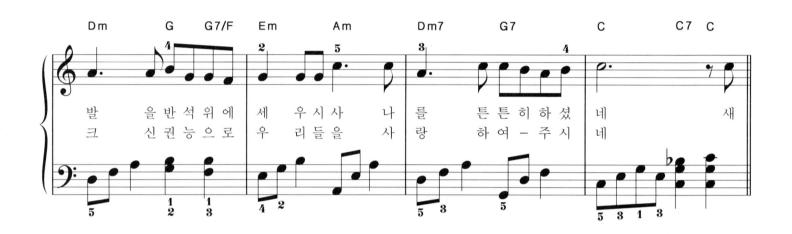

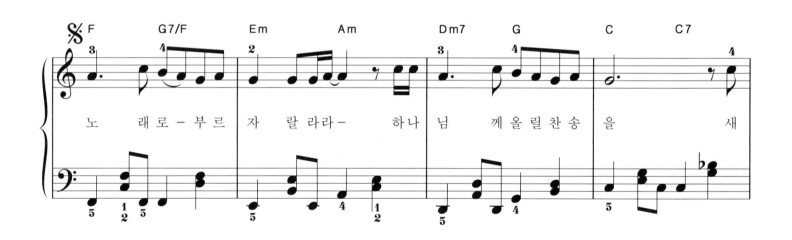

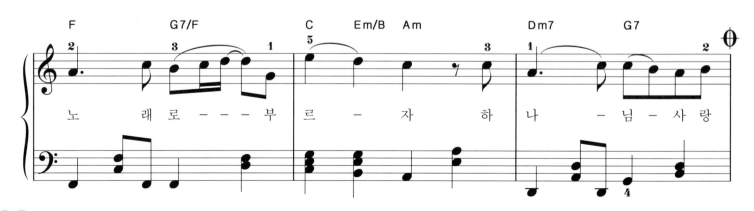

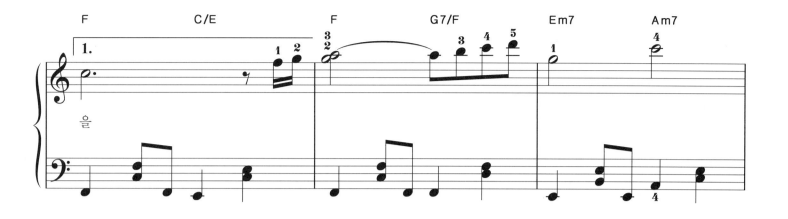

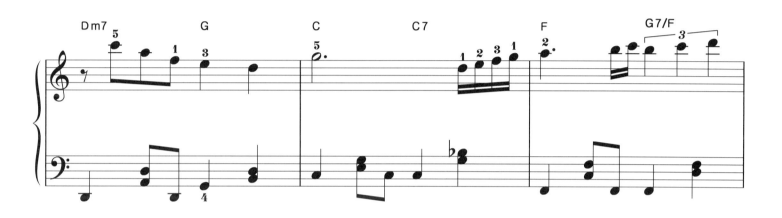

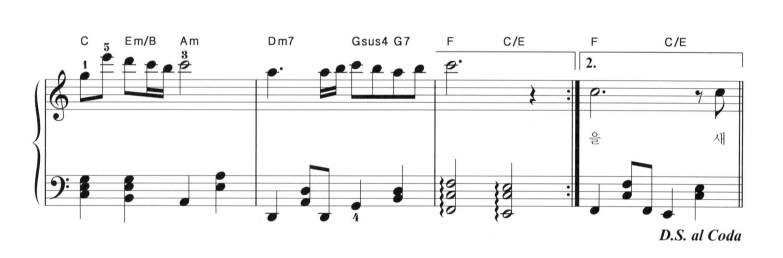

D.S. al Coda

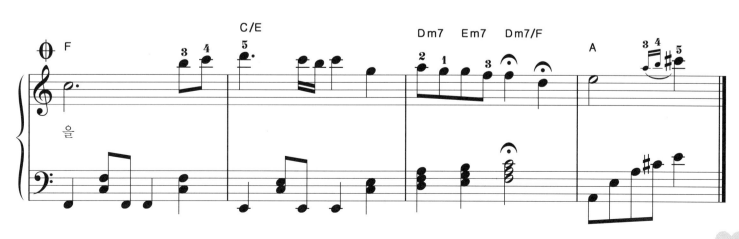

당신만은 못해요

김종환 사·곡

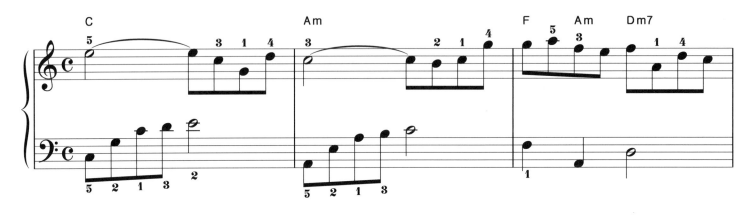

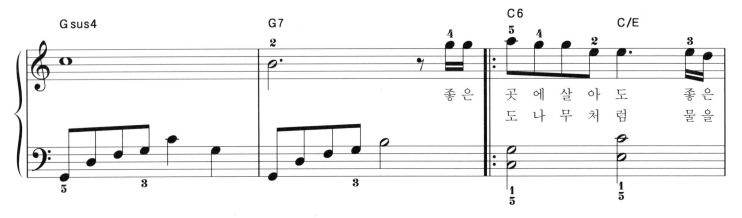

좋은 곳 에 살 아 도 좋은
도 나 무 처 럼 물 을

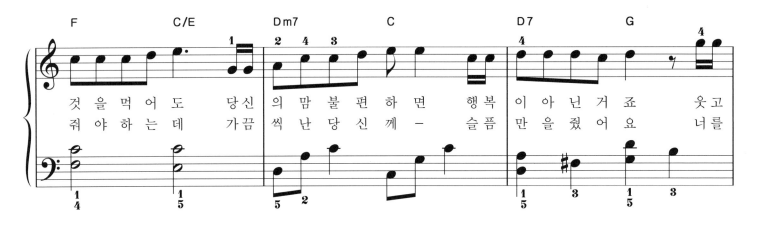

것 을 먹 어 도 당신 의 맘 불 편 하 면 행복 이 아 닌 거 죠 웃고
줘 야 하 는 데 가 끔 씩 난 당 신 께 — 슬 픔 만 을 줬 어 요 너를

있 는 모 습 이 행복 한 것 같 아 도 마음 속 의 걱 정 은 참
사 랑 한 다 고 수 없 이 말 을 해 도 내 가

세 상

사 는 게 바 빠   마 음 의 틈 이 생 겨   처 음 했 던 약 속 을   지 키

지 못 하 지 만   이 세 상 의 무 엇 을   나 에 게 다 준 대 도   가 만

50

당신을 향한 노래 (아주 먼 옛날)

천태혁 사 · 곡

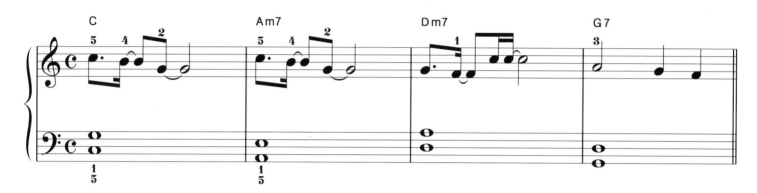

아주먼옛 날 — 하늘에서 는 — 당신을향 한 —

계획있었 죠 — 하나님께 서 — 바라보시 며 —

좋았더라 고 — 말씀하셨 네 — —

당신의마음-에 우리의-　　　사랑을드려

요

사랑해요　　축복해요

당신의마음-에 우리의-　　　사랑을드려

요　요　사랑을드-려요

D.S. al Coda

Amazing Grace

나 같은 죄인 살리신

John Newton 곡

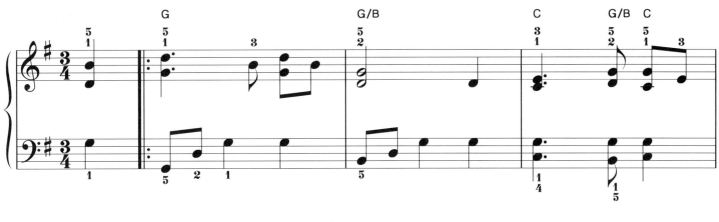

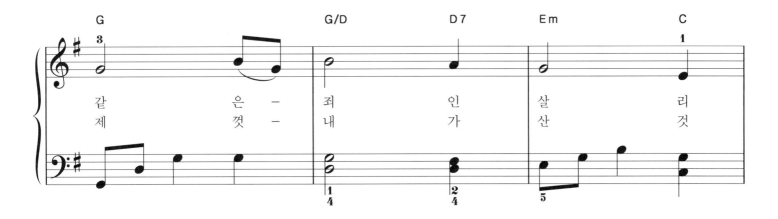

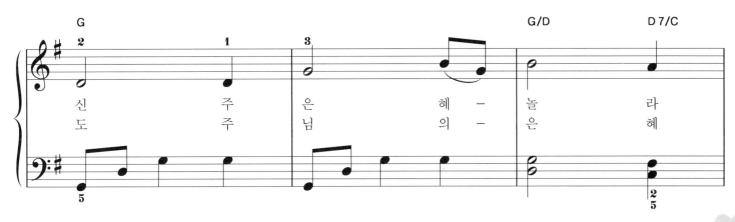

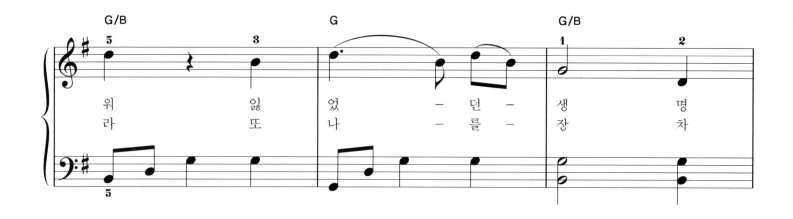

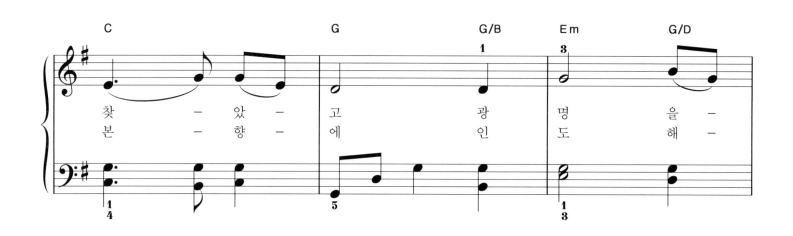

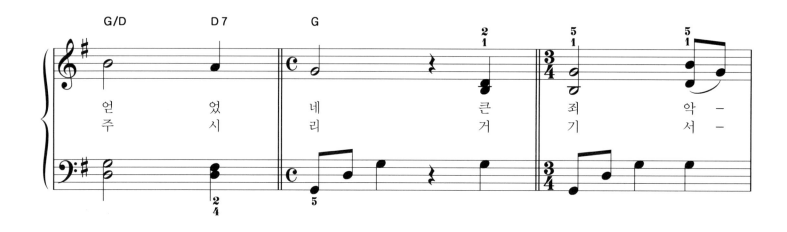

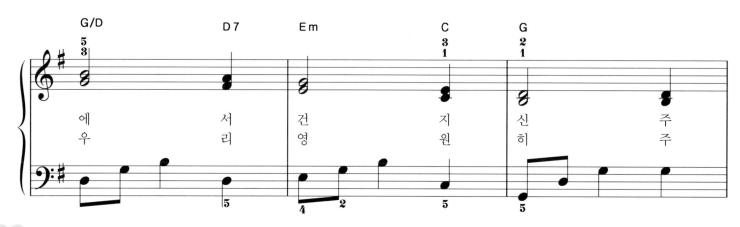

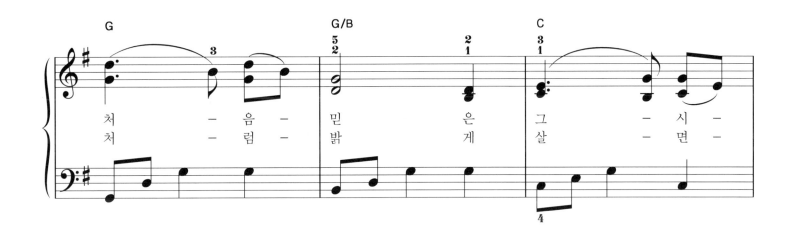

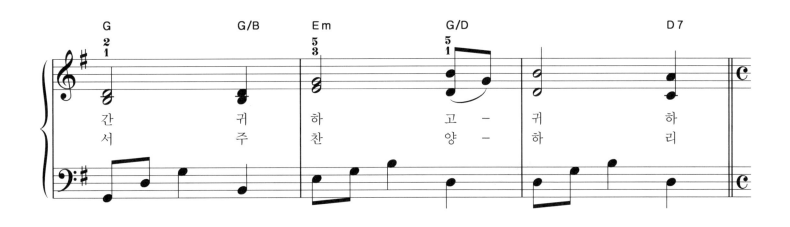

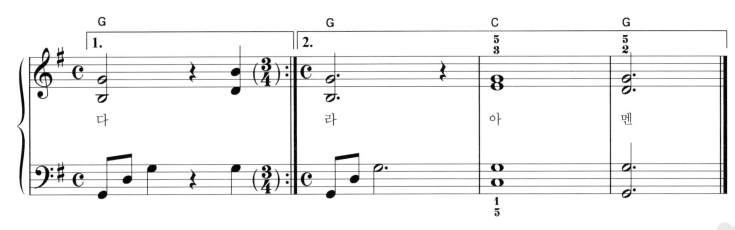

날마다 숨 쉬는 순간마다

Lina Sandra Berg 사 | Oscar Ahnfelt 곡

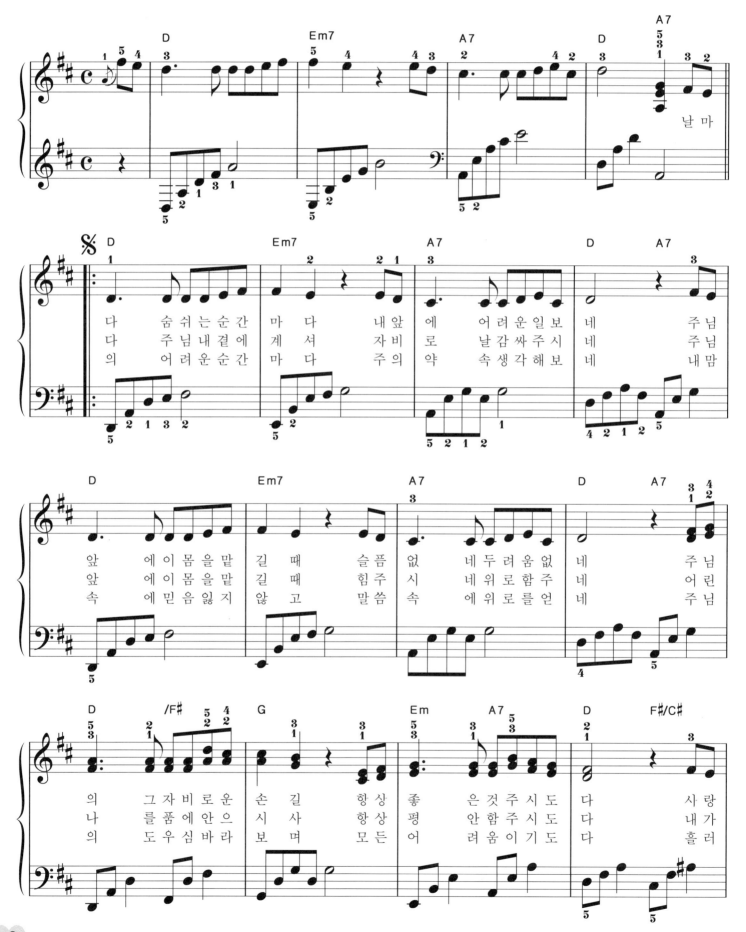

날 마

다　　숨 쉬 는 순 간　마 다　내 앞　에　어 려 운 일 보　네　　주 님
다　　주 님 내 곁 에　계 셔　자 비　로　날 감 싸 주 시　네 네　주 님 내
의　　어 려 운 순 간　마 다　주 의　약　속 생 각 해 보　네 네　내 맘

앞　　에 이 몸 을 맡　길 때　슬 픔　없　네 두 려 움 없　네 네　주 님
앞　　에 이 몸 을 맡　길 때　힘 주　시　네 위 로 함 주　네 네　어 린
속　　에 믿 음 잃 지　않 고　말 씀　속　에 위 로 를 얻　네　　주 님

의　　그 자 비 로 운　손 길　항 상　좋　은 것 주 시 도　다　　사 랑
나　　를 품 에 안 으　시 사　항 상　평　안 함 주 시 도　다　내 가
의　　도 우 심 바 라　보 며　모 든　어　려 움 이 기 도　다　흘 러

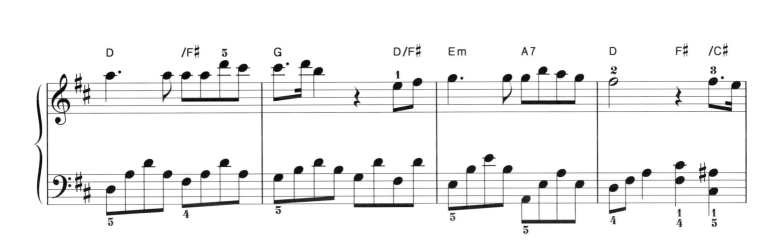

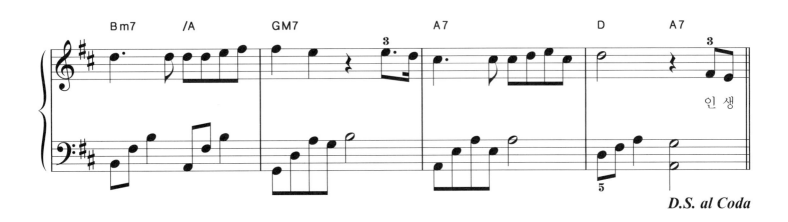

하나님의 은혜

조은아 사 | 신상우 곡

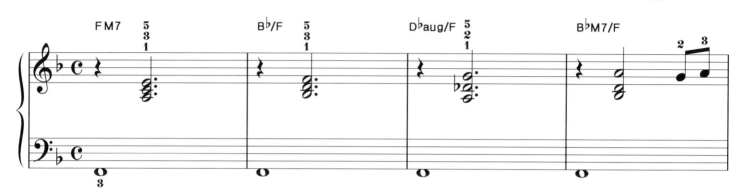

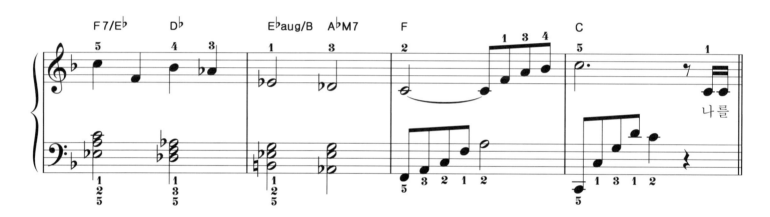

지으신이가하나 님　나를부르신이가하나 님　나를

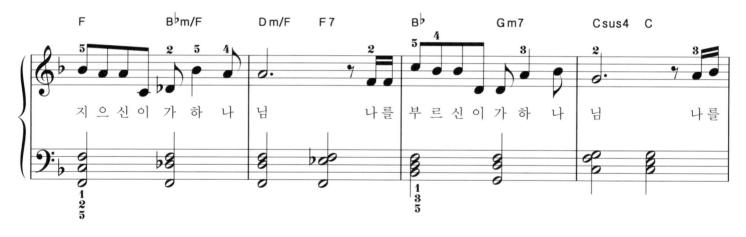

보내신이도하 나 －님－　나의 나된것은다 하나님 은혜라　나의

62

내 갈급함

윤주형 사·곡

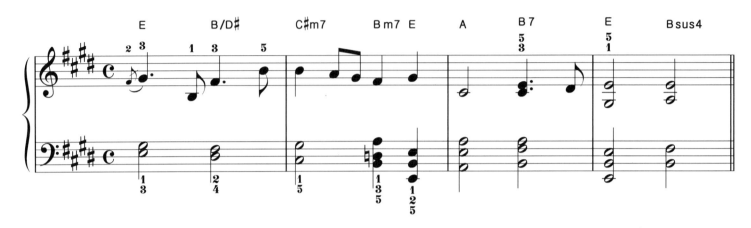

내 갈급함 – 어느 것으로 – 채울 – 수없 – 네 내 갈급함 – 주의

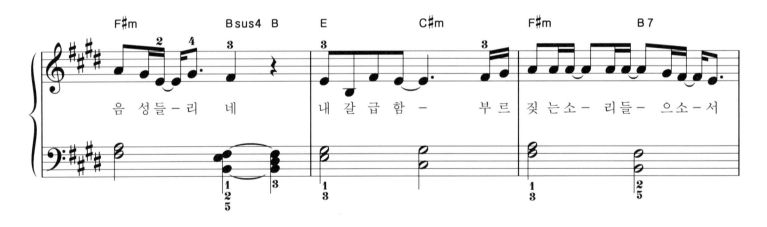

음 성들 – 리 네 내 갈급함 – 부르 짖 는소 – 리들 – 으소 – 서

내갈급함 – 주의음 성들 – 리 네 내 게로나 – 오

내게 있는 향유 옥합

박정관 사·곡

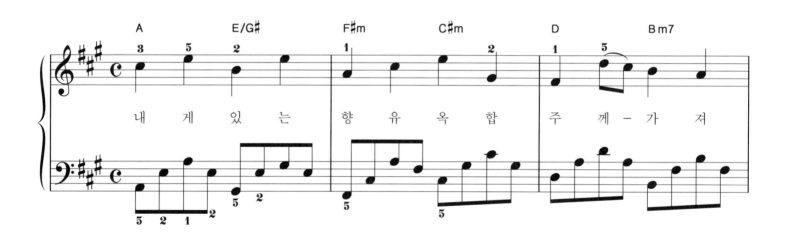

가사: 내게 있는 향유옥합 주께가져

와

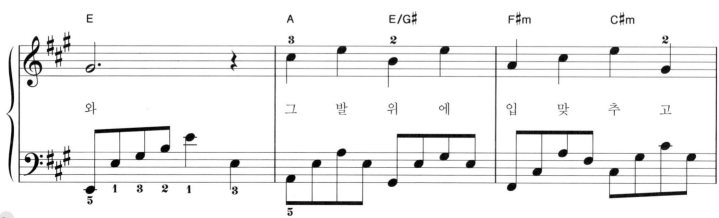

가사: 그 발 위에 입 맞추고

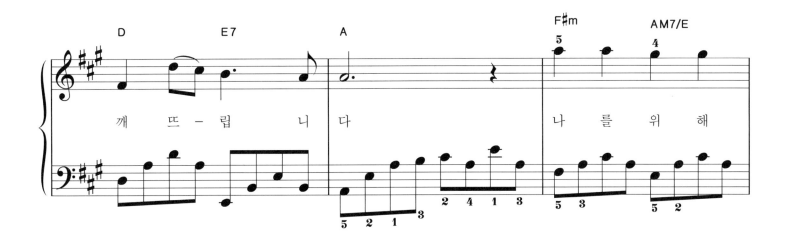

깨 뜨 ― 립 니 다   나 를 위 해

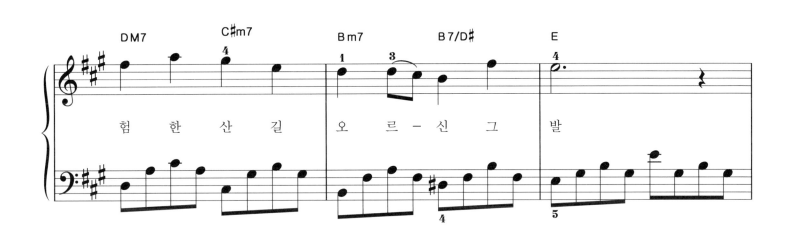

험 한 산 길 오 르 ― 신 그 발

걸 음 마 다 크 신 사 랑 새 겨 ― 놓 았 네

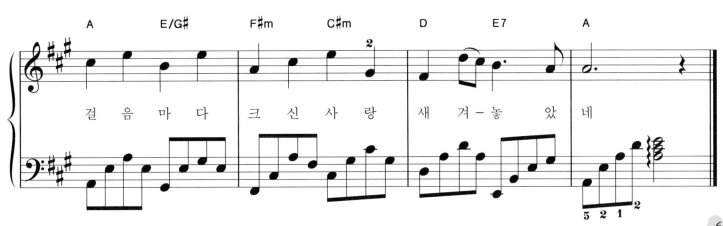

걸 음 마 다 크 신 사 랑 새 겨 ― 놓 았 네

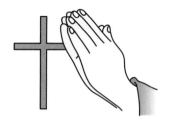

Someone Is Praying For You

누군가 널 위해 기도하네

Lanny Wolfe 곡

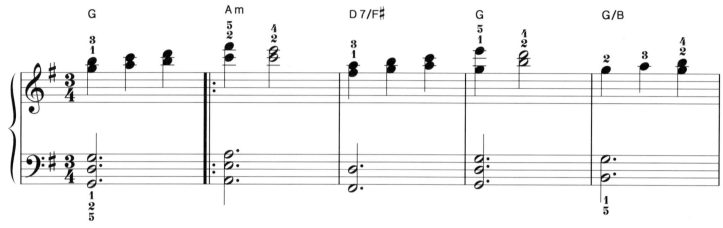

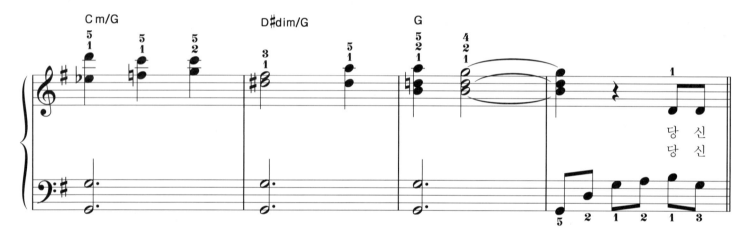

당신
당신

이　　　지쳐　서　　　기도할 수 없고　　　눈물
이　　　외로　이　　　홀로 남 았을 때　　　당신

이　　　빗물　처럼 ―　　홀　러 내릴 때　　　주님
은　　　누구　에게 ―　　위　로를 언 나　　　주님

하나님 아버지의 마음

박용주 사 | 설경욱 곡

요　　아버지 당신이－　바라보는 영혼에게 －　나의

두 눈이－　향하길 원해요 －　아 버지 당신이 울고

있 는 어두운 땅에－나의 두 발이－향하길 원해　요　　나의

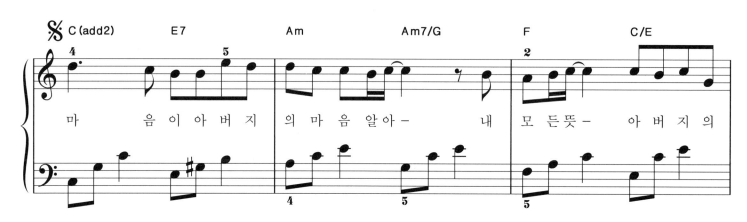

마　음이 아버지 의 마음 알아－　내 모 든 뜻－ 아버지의

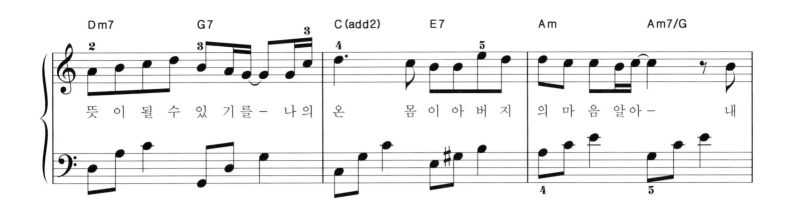

뜻 이 될 수 있 기를 – 나의 온 　 몸 이 아버지 의 마음 알아 – 　 내

모 든 삶 – 당신의 삶 되 기를 –

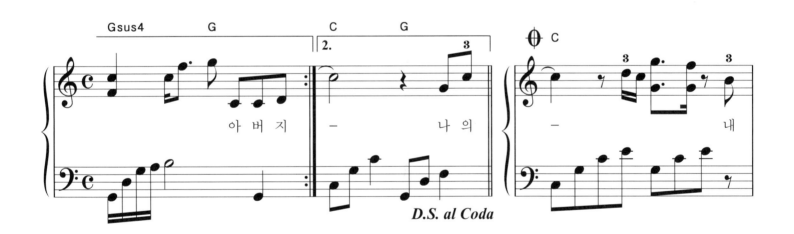

아 버지 – 　 나 의 　 – 내

D.S. al Coda

모 든 삶 – 당신의 삶 되 기 를 –

Without Love, It Is Nothing

내가 천사의 말 한다 해도

James M. Stevens 사 | Joseph M. Martin 곡

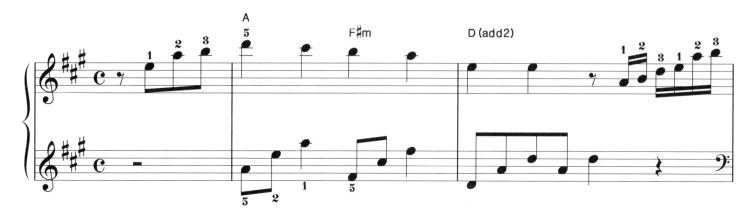

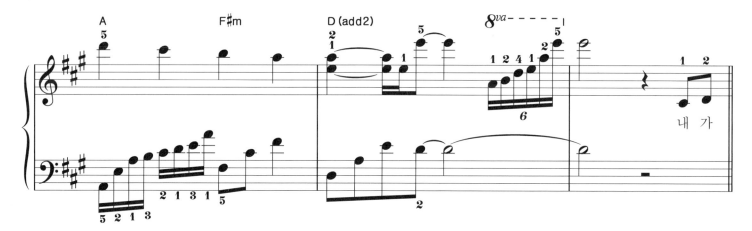

내가

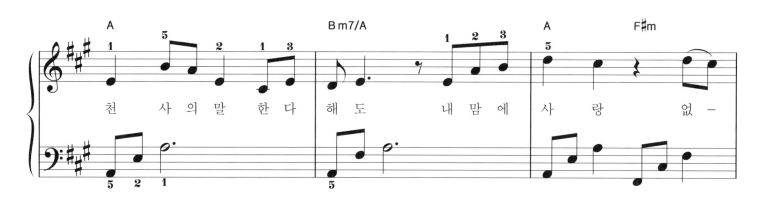

천 사 의 말 한 다 해 도 내 맘 에 사 랑 없 —

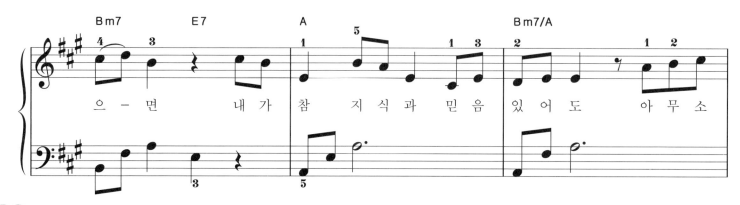

으 — 면 내 가 참 지 식 과 믿 음 있 어 도 아 무 소

모 든 것줄 지 라 도　나 자 신 다 주 어 도 아 무

소 용 없 네 소 용　없 – 네 – 　사 랑 은 (사 랑 은 사 랑

은) 　영 원 하 – 네　영 원 하 – 네

영 원 히

밀알

천관웅 사 · 곡

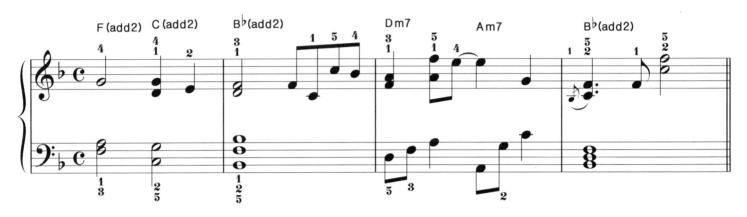

세 상 을 구 원 하 기 위 — 해　　흘 려 야 — 할 피 가 필
길 잃 어 지 친 양 을 찾 — 아　　마 음 상 — 해 이 리 저

— 요 하 — 다 면 — — —　　죄 인 을 대 신 하 기 위 — 해
— 리 헤 — 매 이 는 — —　　한 영 혼 찾 아 아 파 하 — 는

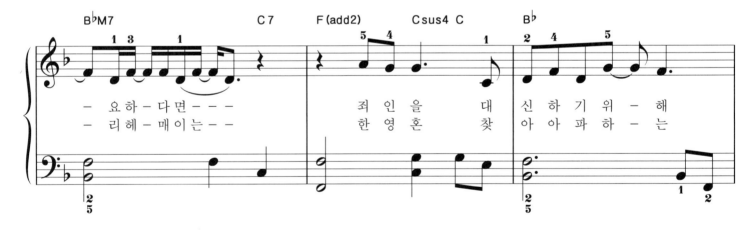

희 생 의 — 제 물 —　　필 요 하 — 시 다 면　　내 생 명 — — —
예 수 님 — 마 음 —　　내 게 주 — 옵 소 서　　십 자 가 — 온

서 　　　 생명이　 또 다른 － 생명낳고 　 주님볼 － 수 있 다 면

나 의삶 － 과죽음도 　 아 낌없 － 이 드 리 리 　 죽 어야 － 다 시 사 는

주 의말 － 씀믿으며 　 한 알 의밀 － 알 되 － 어 　 썩 어지 － 리 니

예 수님 － 처 럼 　 살 아가 － 게 하 소 서 　 생 명이

서

사명

이권희 사·곡

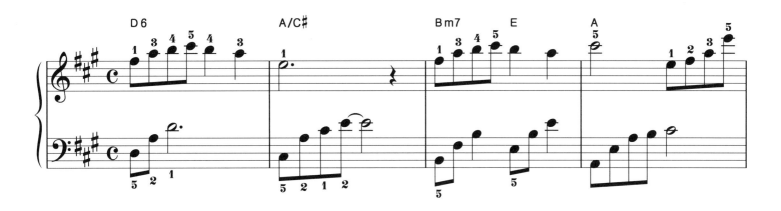

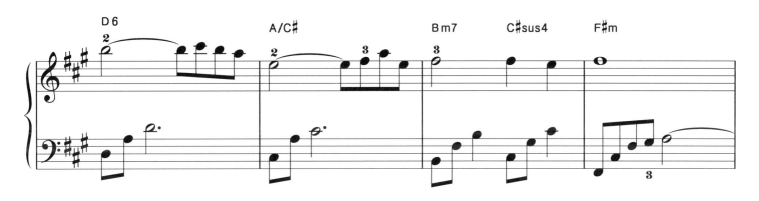

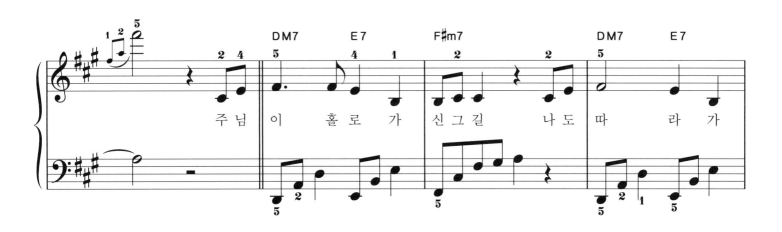

주님 이 홀로 가 신그길 나도 따 라 가

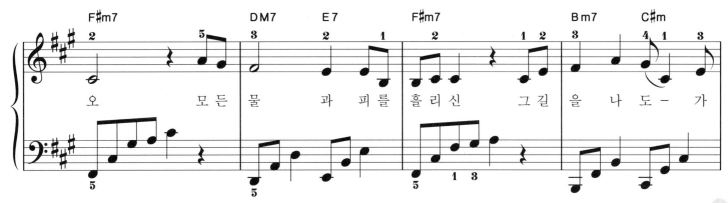

오 모든 물 과 피를 흘리신 그길 을 나도 - 가

나의 안에 거하라

류수영 사·곡

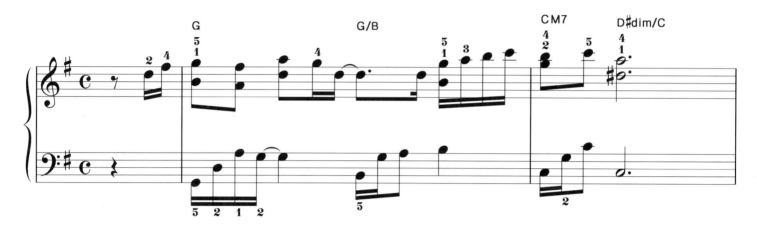

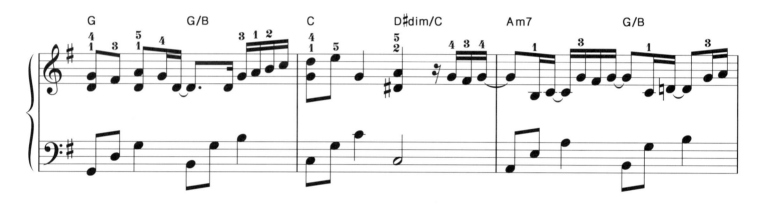

나 의

안 에 거 하 라 — 나 는 네 하 나 님 이 니 — 모 든 환 난 가 운 데 — 너 를

Only Jesus

오직 예수뿐이네

소진영 사 · 곡

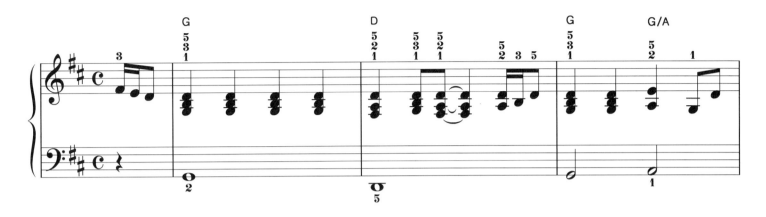

은혜 아 니면 — 살아 갈 수가 — 없 — 네

호 흡 마 저도 — 다 주 의 것 이니 — — — 세 상 평 안과 — 위로

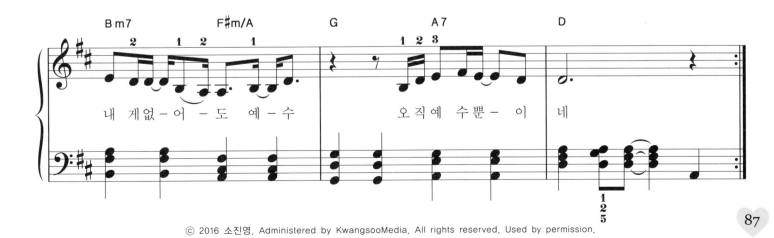

내 게없 — 어 — 도 예 — 수 오 직예 수뿐 — 이 네

소원

한웅재 사 · 곡

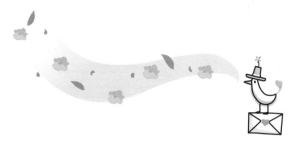

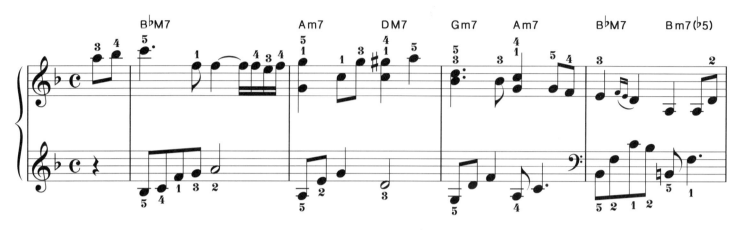

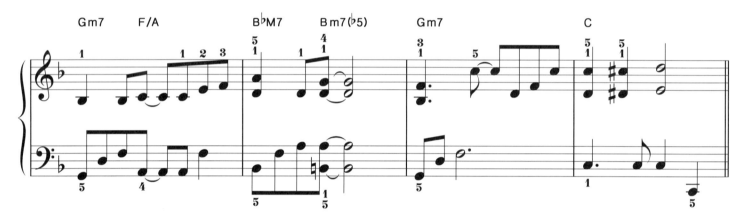

삶 의작 - 은일 - 에 도 - 그맘 을알 - 기원 - 하 네 - 그길 - 그

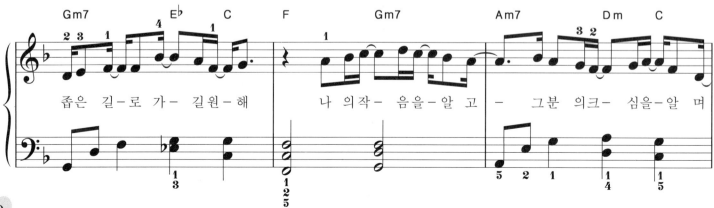

좁은 길 - 로 가 - 길원 - 해 나 의작 - 음을 - 알 고 - 그분 의크 - 심을 - 알 며

소 망 — 그 깊은 길—로 가— 길 원하 네

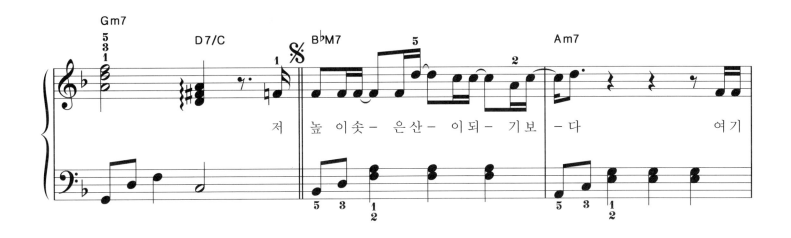

저 높 이숫— 은산— 이되— 기보 —다 여기

오 름직— 한동— 산이— 되길 — 내 가 는길— 만비— 추기— 보다

—는 누군 가 의길—을 —비 춰준 다면

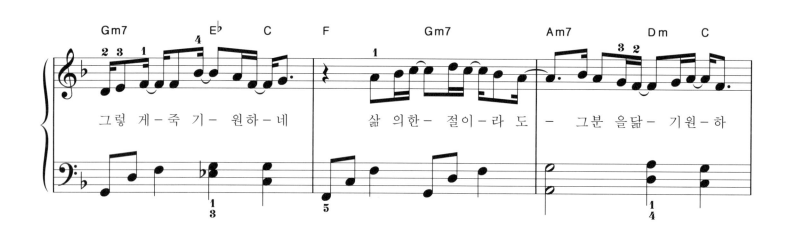

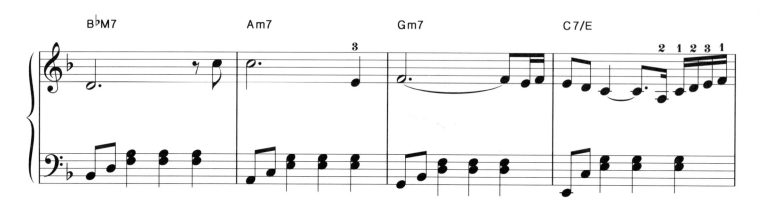

D.S. al Coda

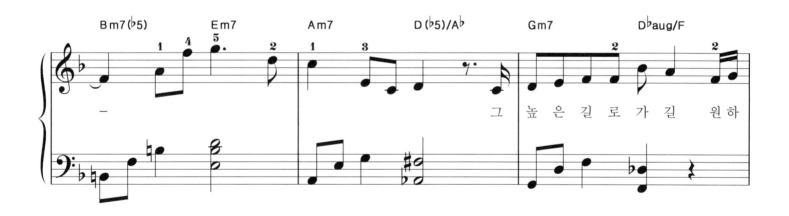

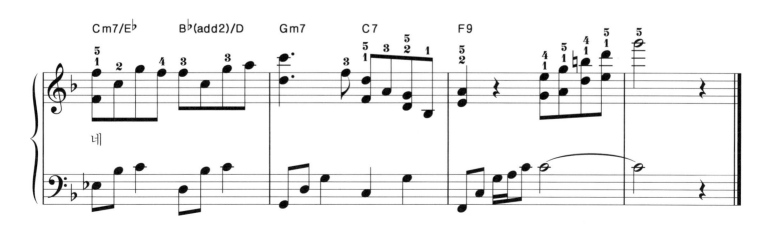

93

예수 피를 힘입어

양재훈 사·곡

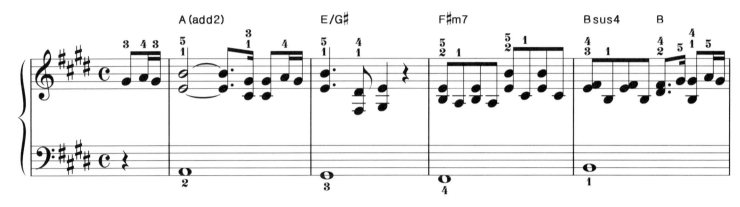

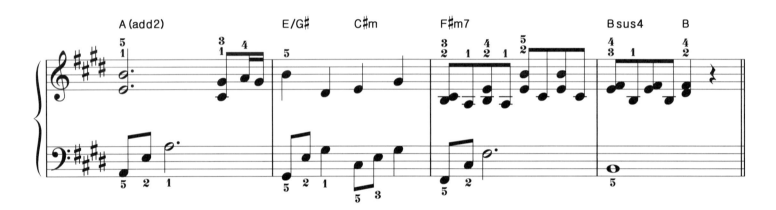

주 의 보 좌 로 나 아 갈 때 에 어 떻 게 나 가 야 할 까

나 를 구 원 한 주 의 십 자 가 그 것 을 믿 으 며 가 네 —

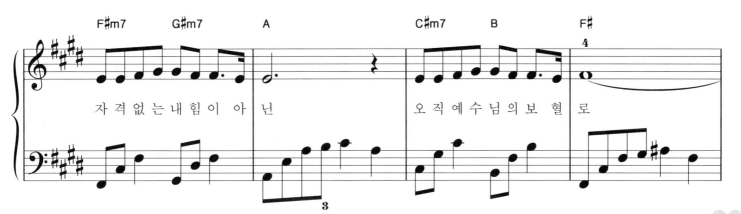

하나님 눈길 머무신 곳

정유성 사 · 곡

하 나 님 눈 길 머 무 신 곳 -

그 곳 에 내 눈 머 - 물 - 고 -   하 나 님 손 길 닿 으

신 곳 -   그 곳 에 내 손 닿 - 으 - 리 -

하 나 님 마 음 두 신 그 곳 -   그 곳 에 내 맘 도 - 두 -

오직 주의 은혜로

김영표 사·곡

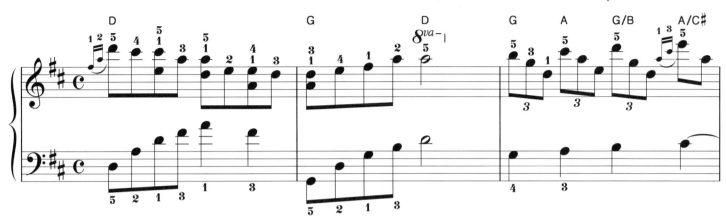

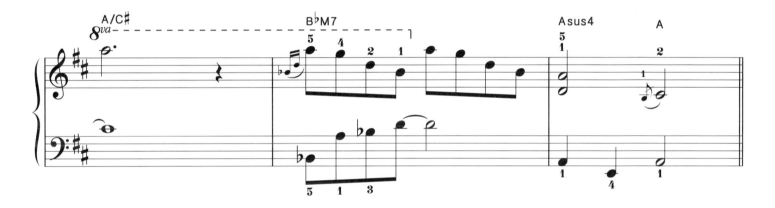

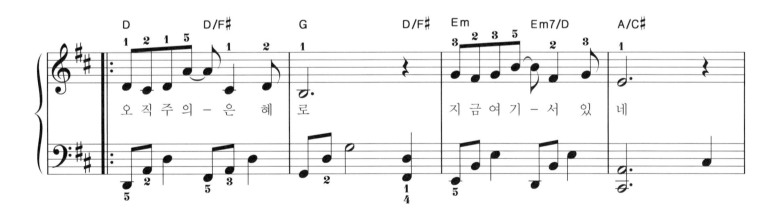

오 직 주 의 － 은 혜 로   지 금 여 기 － 서 있 네

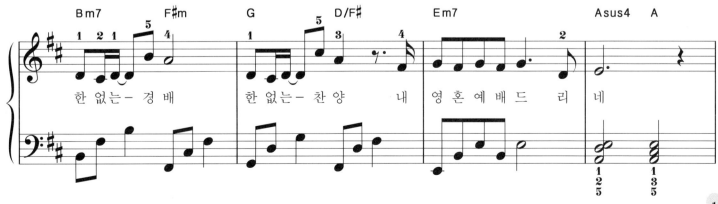

한 없 는 － 경 배   한 없 는 － 찬 양   내 영 혼 예 배 드 리 네

101

이렇게 아름다운 하늘 아래

조현주 사 | 남경식 곡

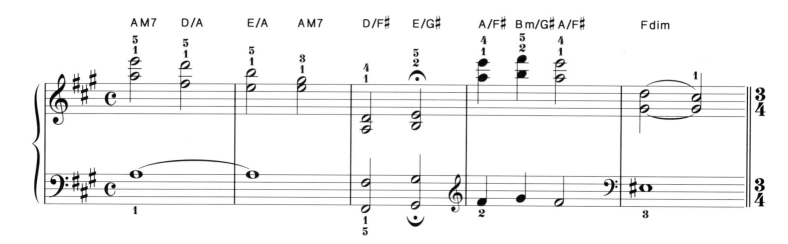

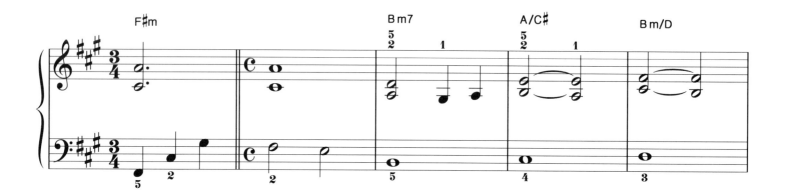

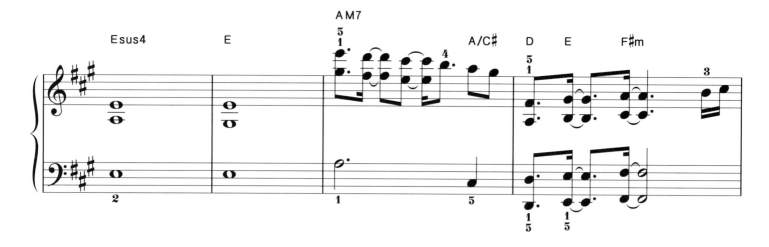

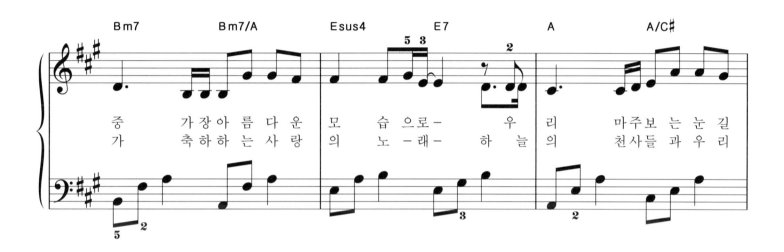

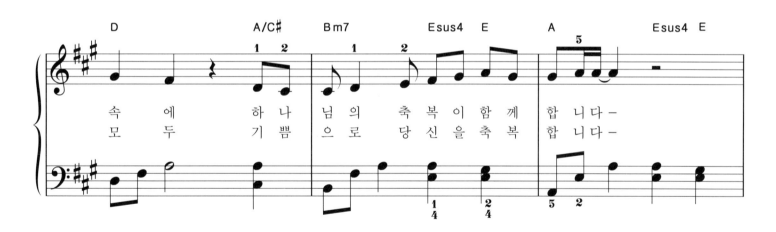

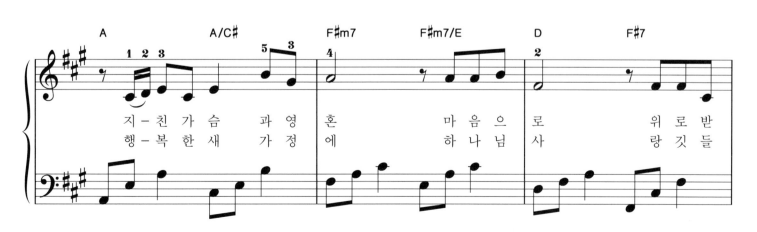

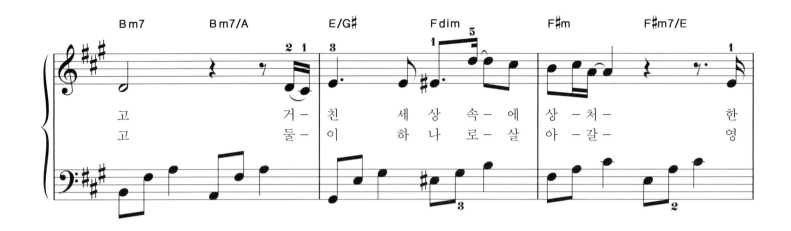

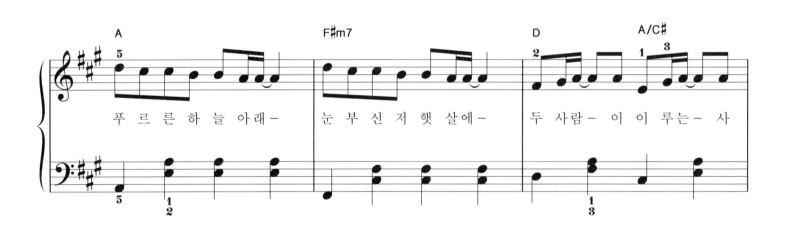

천 번을 불러도

이권희 사 · 곡

천 번을- 불러- 봐도- 내 눈 에눈-물이- 멈

추 지않- 는것-은 -십자 가 의그-사랑-

나 를살-리려- -지 신 그십-자가-

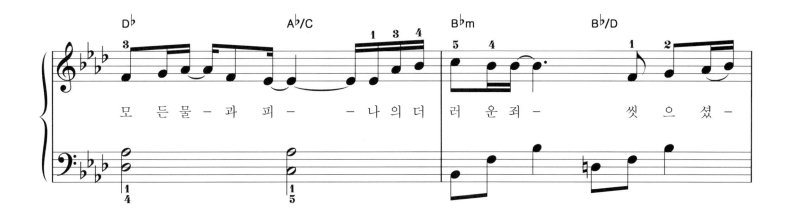

모 든물 ─과피─ ──나 의더 러운죄─ ─씻 으 셨 ─

네 나를 향 한그─ 사랑─ 생명 을 내어─주 사─ ─ 영원

한 생─명─을─ 내 ─게 ─ 주심 을감─사 해 ─ 천

번 을불 ─러 도─ 내눈 에 는눈 ─물 이─ 멈

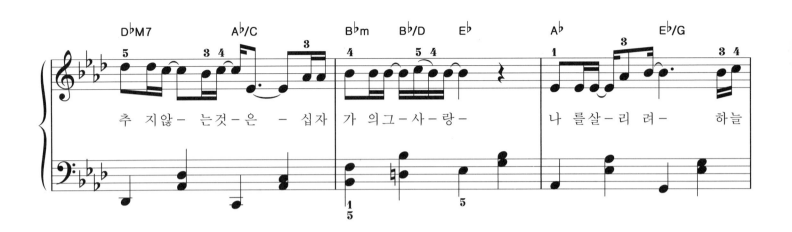

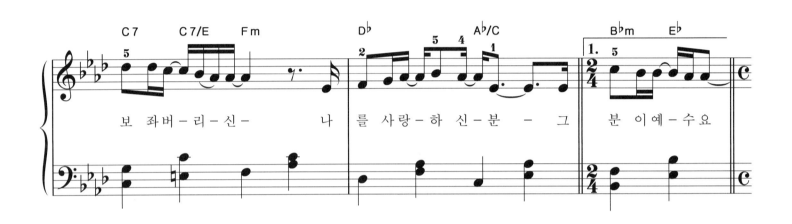

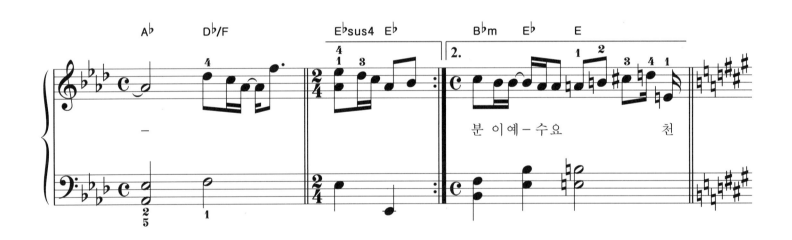

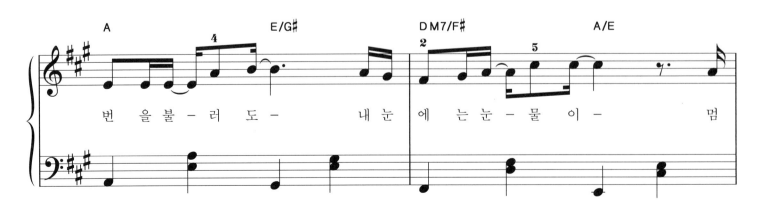

추 지않 - 는것 - 은 - 십자 가 의그 - 사 - 랑 -   나 를살 - 리 려 -   하늘

보 좌버 - 리 신 -   나 를 사랑 - 하 신 분 - 그   분 이예 - 수요

-           나 를 사랑 - 하 신 분 - 그 분 이 - 예 수

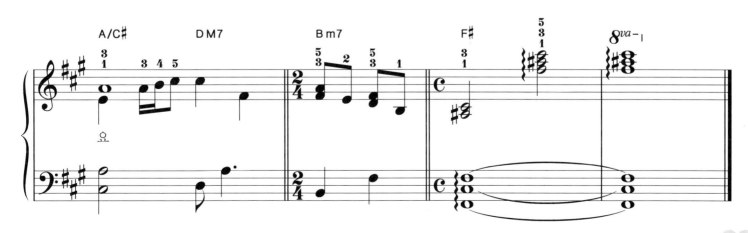

요

CCM
중급용 복음성가 반주

발행일 2024년 10월 15일
발행처 아름출판사
주 소 경기도 고양시 덕양구 독곶이길 171(주교동)
　　　http://www.armusic.co.kr
전 화 (031)977-1881~2(영업부)
　　　(031)977-1883~4(편집부)
팩 스 (031)977-1885
등 록 1987년 12월 9일 제2001-7호

편 곡 박제이, 이은경
발행인 성강환
편집인 편집부

ISBN 978-89-8377-700-3　　13670

이 책의 수록곡들은 저작료를 지급한 후에 출판되었으나, 일부 곡들은 부득이하게 저작자 또는 저작권 대리권자에 대한 부분을 찾지 못하였음을 알려드리며 추후 저작자 또는 저작권 대리권자께서 본사로 연락을 주시면 해당곡의 사용에 대한 저작권법 및 저작자 권리단체의 규정에 따라 조치하겠습니다.
아름출판사는 저작자의 권리를 존중합니다.

본 악보집은 한국크리스천음악저작자협회로부터 승인을 받았습니다.
(2024 09 01 09 05 - 1801040 - 1802039)